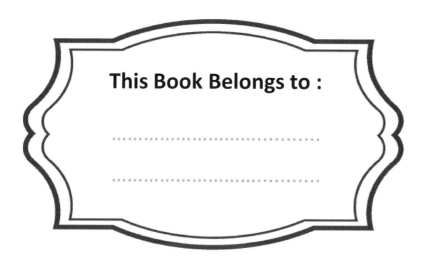

This Book Belongs to :

Some Tips to make your Passwords as strong as possible :

1. Make a long password.
2. Make a nonsense phrase password.
3. Include numbers, symbols, uppercase and lowercase letters.
4. Avoid using your personal informations.
5. Do not reuse passwords.
6. Change your passwords regularly.

★ ★ ★ ★ ★

If you like this Book, please consider to leave us a Review.

Thank you for your support.

Home network settings

Broadband modem:

Model:

Serial number:

MAC address:

Administration URU/P address:

WAN IP address:

Username:

Password:

Router/Wireless access pointModel:

Serial number:

Serial number:

Default IP Address

Default username:

Default password:

User defined IP address:

User defined username:

User defined password:

WAN settings:

MAC address:

IP address:

Host name:

Domain name:

Subnet mask:

Default gateway:

DNS - primary:

DNS - secondary:

LAN settings:

IP address:

Subnet mask:

DHCP range:

Wireless settings:

SSID (Network name):

Channel:

Security mode:

Shared key (WPA):

Passphrase (WEP):

Internet & Computer Information:

ISP name:

Account number:

Tech support:

Customer service:

Personal Email :

Mail server type:

Incoming server:

Outgoing server:

Username:

Password:

Email (work):

Mail server type:

Incoming server:

Outgoing server:

Username:

Password:

Domain name

Software Licences

> Use these pages to record any important informations about your computer and softwares you need, to easily install them again.

O.S Activation Code :

Account ID :

Password :

PC admin username :

Password :

Notes:

Antivirus Software :

License Key :

Purchase Date :

Notes :

Software name : _____

License Key : _____

Purchase Date : _____

Notes : _____

Software name : _____

License Key : _____

Purchase Date : _____

Notes : _____

Software name : _____

License Key : _____

Purchase Date : _____

Notes : _____

Software name : _____

License Key : _____

Purchase Date : _____

Notes : _____

Software name :

License Key :

Purchase Date :

Notes :

Software name :

License Key :

Purchase Date :

Notes :

Software name :

License Key :

Purchase Date :

Notes :

Software name :

License Key :

Purchase Date :

Notes :

A

Name:
Website :
Username:
Email :
Password :
Note :

Name:
Website :
Username:
Email :
Password :
Note :

Name:
Website :
Username:
Email :
Password :
Note :

Name:
Website :
Username:
Email :
Password :
Note :

Name:
Website :
Username:
Email :
Password :
Note :

Name:
Website :
Username:
Email :
Password :
Note :

A

Name:
Website :
Username:
Email :
Password :
Note :

Name:
Website :
Username:
Email :
Password :
Note :

Name:
Website :
Username:
Email :
Password :
Note :

Name:
Website :
Username:
Email :
Password :
Note :

Name:
Website :
Username:
Email :
Password :
Note :

Name:
Website :
Username:
Email :
Password :
Note :

B

Name:

Website :

Username:

Email :

Password :

Note :

Name:

Website :

Username:

Email :

Password :

Note :

Name:

Website :

Username:

Email :

Password :

Note :

B

Name:

Website :

Username:

Email :

Password :

Note :

Name:

Website :

Username:

Email :

Password :

Note :

Name:

Website :

Username:

Email :

Password :

Note :

B

Name:
Website :
Username:
Email :
Password :
Note :

Name:
Website :
Username:
Email :
Password :
Note :

Name:
Website :
Username:
Email :
Password :
Note :

B

Name:

Website :

Username:

Email :

Password :

Note :

Name:

Website :

Username:

Email :

Password :

Note :

Name:

Website :

Username:

Email :

Password :

Note :

C

Name:
Website :
Username:
Email :
Password :
Note :

Name:
Website :
Username:
Email :
Password :
Note :

Name:
Website :
Username:
Email :
Password :
Note :

Name:
Website :
Username:
Email :
Password :
Note :

Name:
Website :
Username:
Email :
Password :
Note :

Name:
Website :
Username:
Email :
Password :
Note :

C

Name:
Website :
Username:
Email :
Password :
Note :

Name:
Website :
Username:
Email :
Password :
Note :

Name:
Website :
Username:
Email :
Password :
Note :

Name:
Website :
Username:
Email :
Password :
Note :

Name:
Website :
Username:
Email :
Password :
Note :

Name:
Website :
Username:
Email :
Password :
Note :

D

Name:

Website :

Username:

Email :

Password :

Note :

Name:

Website :

Username:

Email :

Password :

Note :

Name:

Website :

Username:

Email :

Password :

Note :

Name:
Website :
Username:
Email :
Password :
Note :

Name:
Website :
Username:
Email :
Password :
Note :

Name:
Website :
Username:
Email :
Password :
Note :

D

Name:
Website :
Username:
Email :
Password :
Note :

Name:
Website :
Username:
Email :
Password :
Note :

Name:
Website :
Username:
Email :
Password :
Note :

Name:
Website :
Username:
Email :
Password :
Note :

Name:
Website :
Username:
Email :
Password :
Note :

Name:
Website :
Username:
Email :
Password :
Note :

E

Name:

Website :

Username:

Email :

Password :

Note :

Name:

Website :

Username:

Email :

Password :

Note :

Name:

Website :

Username:

Email :

Password :

Note :

E

Name:

Website :

Username:

Email :

Password :

Note :

Name:

Website :

Username:

Email :

Password :

Note :

Name:

Website :

Username:

Email :

Password :

Note :

E

Name:

Website :

Username:

Email :

Password :

Note :

Name:

Website :

Username:

Email :

Password :

Note :

Name:

Website :

Username:

Email :

Password :

Note :

E

Name:
Website :
Username:
Email :
Password :
Note :

Name:
Website :
Username:
Email :
Password :
Note :

Name:
Website :
Username:
Email :
Password :
Note :

F

Name:
Website :
Username:
Email :
Password :
Note :

Name:
Website :
Username:
Email :
Password :
Note :

Name:
Website :
Username:
Email :
Password :
Note :

F

Name:

Website :

Username:

Email :

Password :

Note :

Name:

Website :

Username:

Email :

Password :

Note :

Name:

Website :

Username:

Email :

Password :

Note :

F

Name:

Website :

Username:

Email :

Password :

Note :

Name:

Website :

Username:

Email :

Password :

Note :

Name:

Website :

Username:

Email :

Password :

Note :

F

Name:
Website :
Username:
Email :
Password :
Note :

Name:
Website :
Username:
Email :
Password :
Note :

Name:
Website :
Username:
Email :
Password :
Note :

G

Name:
Website :
Username:
Email :
Password :
Note :

Name:
Website :
Username:
Email :
Password :
Note :

Name:
Website :
Username:
Email :
Password :
Note :

Name:
Website :
Username:
Email :
Password :
Note :

Name:
Website :
Username:
Email :
Password :
Note :

Name:
Website :
Username:
Email :
Password :
Note :

G

Name:

Website :

Username:

Email :

Password :

Note :

Name:

Website :

Username:

Email :

Password :

Note :

Name:

Website :

Username:

Email :

Password :

Note :

G

Name:
Website :
Username:
Email :
Password :
Note :

Name:
Website :
Username:
Email :
Password :
Note :

Name:
Website :
Username:
Email :
Password :
Note :

H

Name:

Website :

Username:

Email :

Password :

Note :

Name:

Website :

Username:

Email :

Password :

Note :

Name:

Website :

Username:

Email :

Password :

Note :

Name:
Website :
Username:
Email :
Password :
Note :

Name:
Website :
Username:
Email :
Password :
Note :

Name:
Website :
Username:
Email :
Password :
Note :

H

Name:
Website :
Username:
Email :
Password :
Note :

Name:
Website :
Username:
Email :
Password :
Note :

Name:
Website :
Username:
Email :
Password :
Note :

Name:

Website :

Username:

Email :

Password :

Note :

Name:

Website :

Username:

Email :

Password :

Note :

Name:

Website :

Username:

Email :

Password :

Note :

Name:
Website :
Username:
Email :
Password :
Note :

Name:
Website :
Username:
Email :
Password :
Note :

Name:
Website :
Username:
Email :
Password :
Note :

1

Name:
Website :
Username:
Email :
Password :
Note :

Name:
Website :
Username:
Email :
Password :
Note :

Name:
Website :
Username:
Email :
Password :
Note :

I

Name:

Website :

Username:

Email :

Password :

Note :

Name:

Website :

Username:

Email :

Password :

Note :

Name:

Website :

Username:

Email :

Password :

Note :

I

Name:

Website :

Username:

Email :

Password :

Note :

Name:

Website :

Username:

Email :

Password :

Note :

Name:

Website :

Username:

Email :

Password :

Note :

J

Name:
Website :
Username:
Email :
Password :
Note :

Name:
Website :
Username:
Email :
Password :
Note :

Name:
Website :
Username:
Email :
Password :
Note :

J

Name:
Website :
Username:
Email :
Password :
Note :

Name:
Website :
Username:
Email :
Password :
Note :

Name:
Website :
Username:
Email :
Password :
Note :

J

Name:

Website :

Username:

Email :

Password :

Note :

Name:

Website :

Username:

Email :

Password :

Note :

Name:

Website :

Username:

Email :

Password :

Note :

J

Name:

Website :

Username:

Email :

Password :

Note :

Name:

Website :

Username:

Email :

Password :

Note :

Name:

Website :

Username:

Email :

Password :

Note :

Name:
Website :
Username:
Email :
Password :
Note :

Name:
Website :
Username:
Email :
Password :
Note :

Name:
Website :
Username:
Email :
Password :
Note :

Name:
Website :
Username:
Email :
Password :
Note :

Name:
Website :
Username:
Email :
Password :
Note :

Name:
Website :
Username:
Email :
Password :
Note :

K

Name:
Website :
Username:
Email :
Password :
Note :

Name:
Website :
Username:
Email :
Password :
Note :

Name:
Website :
Username:
Email :
Password :
Note :

Name:
Website :
Username:
Email :
Password :
Note :

Name:
Website :
Username:
Email :
Password :
Note :

Name:
Website :
Username:
Email :
Password :
Note :

L

Name:
Website :
Username:
Email :
Password :
Note :

Name:
Website :
Username:
Email :
Password :
Note :

Name:
Website :
Username:
Email :
Password :
Note :

L

Name:
Website :
Username:
Email :
Password :
Note :

Name:
Website :
Username:
Email :
Password :
Note :

Name:
Website :
Username:
Email :
Password :
Note :

L

Name:
Website :
Username:
Email :
Password :
Note :

Name:
Website :
Username:
Email :
Password :
Note :

Name:
Website :
Username:
Email :
Password :
Note :

L

Name:
Website :
Username:
Email :
Password :
Note :

Name:
Website :
Username:
Email :
Password :
Note :

Name:
Website :
Username:
Email :
Password :
Note :

M

Name:

Website :

Username:

Email :

Password :

Note :

Name:

Website :

Username:

Email :

Password :

Note :

Name:

Website :

Username:

Email :

Password :

Note :

Name:
Website :
Username:
Email :
Password :
Note :

Name:
Website :
Username:
Email :
Password :
Note :

Name:
Website :
Username:
Email :
Password :
Note :

M

Name:

Website :

Username:

Email :

Password :

Note :

Name:

Website :

Username:

Email :

Password :

Note :

Name:

Website :

Username:

Email :

Password :

Note :

Name:
Website :
Username:
Email :
Password :
Note :

Name:
Website :
Username:
Email :
Password :
Note :

Name:
Website :
Username:
Email :
Password :
Note :

N

Name:
Website :
Username:
Email :
Password :
Note :

Name:
Website :
Username:
Email :
Password :
Note :

Name:
Website :
Username:
Email :
Password :
Note :

N

Name:
Website :
Username:
Email :
Password :
Note :

Name:
Website :
Username:
Email :
Password :
Note :

Name:
Website :
Username:
Email :
Password :
Note :

N

Name:

Website :

Username:

Email :

Password :

Note :

Name:

Website :

Username:

Email :

Password :

Note :

Name:

Website :

Username:

Email :

Password :

Note :

N

Name:

Website :

Username:

Email :

Password :

Note :

Name:

Website :

Username:

Email :

Password :

Note :

Name:

Website :

Username:

Email :

Password :

Note :

O

Name:

Website :

Username:

Email :

Password :

Note :

Name:

Website :

Username:

Email :

Password :

Note :

Name:

Website :

Username:

Email :

Password :

Note :

Name:
Website :
Username:
Email :
Password :
Note :

Name:
Website :
Username:
Email :
Password :
Note :

Name:
Website :
Username:
Email :
Password :
Note :

O

Name:
Website :
Username:
Email :
Password :
Note :

Name:
Website :
Username:
Email :
Password :
Note :

Name:
Website :
Username:
Email :
Password :
Note :

Name:
Website :
Username:
Email :
Password :
Note :

Name:
Website :
Username:
Email :
Password :
Note :

Name:
Website :
Username:
Email :
Password :
Note :

P

Name:

Website :

Username:

Email :

Password :

Note :

Name:

Website :

Username:

Email :

Password :

Note :

Name:

Website :

Username:

Email :

Password :

Note :

P

Name:

Website :

Username:

Email :

Password :

Note :

Name:

Website :

Username:

Email :

Password :

Note :

Name:

Website :

Username:

Email :

Password :

Note :

P

Name:

Website :

Username:

Email :

Password :

Note :

Name:

Website :

Username:

Email :

Password :

Note :

Name:

Website :

Username:

Email :

Password :

Note :

P

Name:
Website :
Username:
Email :
Password :
Note :

Name:
Website :
Username:
Email :
Password :
Note :

Name:
Website :
Username:
Email :
Password :
Note :

Q

Name:

Website :

Username:

Email :

Password :

Note :

Name:

Website :

Username:

Email :

Password :

Note :

Name:

Website :

Username:

Email :

Password :

Note :

Name:
Website :
Username:
Email :
Password :
Note :

Name:
Website :
Username:
Email :
Password :
Note :

Name:
Website :
Username:
Email :
Password :
Note :

Name:
Website :
Username:
Email :
Password :
Note :

Name:
Website :
Username:
Email :
Password :
Note :

Name:
Website :
Username:
Email :
Password :
Note :

Name:
Website :
Username:
Email :
Password :
Note :

Name:
Website :
Username:
Email :
Password :
Note :

Name:
Website :
Username:
Email :
Password :
Note :

R

Name:
Website :
Username:
Email :
Password :
Note :

Name:
Website :
Username:
Email :
Password :
Note :

Name:
Website :
Username:
Email :
Password :
Note :

R

Name:

Website :

Username:

Email :

Password :

Note :

Name:

Website :

Username:

Email :

Password :

Note :

Name:

Website :

Username:

Email :

Password :

Note :

R

Name:

Website :

Username:

Email :

Password :

Note :

Name:

Website :

Username:

Email :

Password :

Note :

Name:

Website :

Username:

Email :

Password :

Note :

Name:
Website :
Username:
Email :
Password :
Note :

Name:
Website :
Username:
Email :
Password :
Note :

Name:
Website :
Username:
Email :
Password :
Note :

S

Name:
Website :
Username:
Email :
Password :
Note :

Name:
Website :
Username:
Email :
Password :
Note :

Name:
Website :
Username:
Email :
Password :
Note :

S

Name:

Website :

Username:

Email :

Password :

Note :

Name:

Website :

Username:

Email :

Password :

Note :

Name:

Website :

Username:

Email :

Password :

Note :

S

Name:
Website :
Username:
Email :
Password :
Note :

Name:
Website :
Username:
Email :
Password :
Note :

Name:
Website :
Username:
Email :
Password :
Note :

S

Name:

Website :

Username:

Email :

Password :

Note :

Name:

Website :

Username:

Email :

Password :

Note :

Name:

Website :

Username:

Email :

Password :

Note :

T

Name:

Website :

Username:

Email :

Password :

Note :

Name:

Website :

Username:

Email :

Password :

Note :

Name:

Website :

Username:

Email :

Password :

Note :

T

Name:

Website :

Username:

Email :

Password :

Note :

Name:

Website :

Username:

Email :

Password :

Note :

Name:

Website :

Username:

Email :

Password :

Note :

T

Name:

Website :

Username:

Email :

Password :

Note :

Name:

Website :

Username:

Email :

Password :

Note :

Name:

Website :

Username:

Email :

Password :

Note :

T

Name:
Website :
Username:
Email :
Password :
Note :

Name:
Website :
Username:
Email :
Password :
Note :

Name:
Website :
Username:
Email :
Password :
Note :

U

Name:
Website :
Username:
Email :
Password :
Note :

Name:
Website :
Username:
Email :
Password :
Note :

Name:
Website :
Username:
Email :
Password :
Note :

Name:
Website :
Username:
Email :
Password :
Note :

Name:
Website :
Username:
Email :
Password :
Note :

Name:
Website :
Username:
Email :
Password :
Note :

U

Name:
Website :
Username:
Email :
Password :
Note :

Name:
Website :
Username:
Email :
Password :
Note :

Name:
Website :
Username:
Email :
Password :
Note :

Name:

Website :

Username:

Email :

Password :

Note :

Name:

Website :

Username:

Email :

Password :

Note :

Name:

Website :

Username:

Email :

Password :

Note :

V

Name:

Website :

Username:

Email :

Password :

Note :

Name:

Website :

Username:

Email :

Password :

Note :

Name:

Website :

Username:

Email :

Password :

Note :

Name:
Website :
Username:
Email :
Password :
Note :

Name:
Website :
Username:
Email :
Password :
Note :

Name:
Website :
Username:
Email :
Password :
Note :

V

Name:
Website :
Username:
Email :
Password :
Note :

Name:
Website :
Username:
Email :
Password :
Note :

Name:
Website :
Username:
Email :
Password :
Note :

Name:

Website :

Username:

Email :

Password :

Note :

Name:

Website :

Username:

Email :

Password :

Note :

Name:

Website :

Username:

Email :

Password :

Note :

Name:

Website :

Username:

Email :

Password :

Note :

Name:

Website :

Username:

Email :

Password :

Note :

Name:

Website :

Username:

Email :

Password :

Note :

Name:

Website :

Username:

Email :

Password :

Note :

Name:

Website :

Username:

Email :

Password :

Note :

Name:

Website :

Username:

Email :

Password :

Note :

Name:
Website :
Username:
Email :
Password :
Note :

Name:
Website :
Username:
Email :
Password :
Note :

Name:
Website :
Username:
Email :
Password :
Note :

Name:
Website :
Username:
Email :
Password :
Note :

Name:
Website :
Username:
Email :
Password :
Note :

Name:
Website :
Username:
Email :
Password :
Note :

Name:
Website :
Username:
Email :
Password :
Note :

Name:
Website :
Username:
Email :
Password :
Note :

Name:
Website :
Username:
Email :
Password :
Note :

Name:
Website :
Username:
Email :
Password :
Note :

Name:
Website :
Username:
Email :
Password :
Note :

Name:
Website :
Username:
Email :
Password :
Note :

Name:
Website :
Username:
Email :
Password :
Note :

Name:
Website :
Username:
Email :
Password :
Note :

Name:
Website :
Username:
Email :
Password :
Note :

Name:

Website :

Username:

Email :

Password :

Note :

Name:

Website :

Username:

Email :

Password :

Note :

Name:

Website :

Username:

Email :

Password :

Note :

Y

Name:

Website :

Username:

Email :

Password :

Note :

Name:

Website :

Username:

Email :

Password :

Note :

Name:

Website :

Username:

Email :

Password :

Note :

Y

Name:

Website :

Username:

Email :

Password :

Note :

Name:

Website :

Username:

Email :

Password :

Note :

Name:

Website :

Username:

Email :

Password :

Note :

Y

Name:

Website :

Username:

Email :

Password :

Note :

Name:

Website :

Username:

Email :

Password :

Note :

Name:

Website :

Username:

Email :

Password :

Note :

Z

Name:

Website :

Username:

Email :

Password :

Note :

Name:

Website :

Username:

Email :

Password :

Note :

Name:

Website :

Username:

Email :

Password :

Note :

Z

Name:

Website :

Username:

Email :

Password :

Note :

Name:

Website :

Username:

Email :

Password :

Note :

Name:

Website :

Username:

Email :

Password :

Note :

Z

Name:

Website :

Username:

Email :

Password :

Note :

Name:

Website :

Username:

Email :

Password :

Note :

Name:

Website :

Username:

Email :

Password :

Note :

Made in the USA
Monee, IL
14 February 2022